1. Lesestufe

Doris Arend

Das tollste Pony der Welt

Mit Bildern von Susanne Schulte

Ravensburger Buchverlag

Bibliografische Information Der Deutschen Bibliothek:

Die Deutsche Bibliothek verzeichnet diese Publikation
in der Deutschen Nationalbibliografie.
Detaillierte bibliografische Daten sind im Internet
über **http://dnb.ddb.de** abrufbar.

**Die Schreibweise entspricht den Regeln
der neuen Rechtschreibung.**

7   06 05

Ravensburger Leserabe
© 2004 Ravensburger Buchverlag Otto Maier GmbH
Umschlagbild: Susanne Schulte
Umschlagkonzeption: Sabine Reddig
Redaktion: Claudia Ondracek
Printed in Germany
ISBN 3-473-36013-9

www.ravensburger.de
www.leserabe.de

Inhalt

Lulu bekommt Nachbarn

Lulu steht am Zaun und wartet.
Immer wenn die Sonne untergeht,
kommt Bauer Peter.
Er bringt Möhren, Heu und Wasser.
Sonst kommt niemand.

Lulu ist sehr einsam.

Sie ist immer allein auf der Wiese.

Endlich! Lulu hört ein Auto.

„Bald langweilst du dich nicht mehr",
sagt Bauer Peter. „Ein Zirkus schlägt
neben deiner Wiese sein Zelt auf."

Lulu ist ganz aufgeregt.
Endlich passiert mal etwas!

Ein Zirkuswagen nach dem anderen
fährt auf die Wiese.

Ein großes Zelt wird aufgebaut.
Überall laufen Menschen herum.

Ein Seehund spielt mit einem Ball.

Ein Tiger liegt faul in seinem Käfig.

Ein Clown macht einen Handstand.

Und wer versteckt sich da
im Zauberhut?

Nur ein Pony sieht Lulu nicht.
Wie schade!

Eine Freundin für Lulu

Vor einem bunten Zirkuswagen
sitzt ein Mädchen.
„Hallo, ich bin Sabrina", sagt es.
„Und du bist Lulu, oder?"

Das Pony nickt.
Der Name steht auf Lulus Stall.

Sabrina sieht traurig aus.
Lulu stupst sie mit dem Maul.

„Alle können etwas Tolles,
nur ich nicht", seufzt Sabrina.
„Ich kann nur Handstand und Salto,
aber das kann jeder im Zirkus!"

„Soll ich es dir trotzdem zeigen?",
fragt Sabrina. Lulu nickt.

Sabrina stellt sich auf die Hände.
Sie läuft erst vorwärts, dann rückwärts.

Sabrina springt auf die Füße.

Sie macht einen Salto.

Erst vorwärts, dann rückwärts.

Lulu ist begeistert. Sabrina freut sich.

„Kannst du etwas?", fragt sie.

Lulu schüttelt den Kopf.
Sie kann nur schnell laufen,
in alle Richtungen!
Aber das kann ja jedes Pony.

„Zeig mal, was du kannst",
ermuntert Sabrina das Pony.

Da trabt Lulu los.
Erst langsam, dann schnell.

Sie läuft vorwärts, dann rückwärts.
Und dann noch im Kreis!

Sabrina ist beeindruckt.

„Darf ich auf dir reiten?", fragt sie.

Lulu weiß nicht, wie das geht.

Noch nie ist jemand auf ihr geritten.

Sabrina setzt sich auf Lulus Rücken.

Sie drückt ihre Beine an Lulus Seiten.

Wie das kitzelt!
Lulu wiehert und stellt sich
auf die Hinterbeine.

Plumps! Lulu dreht sich um.
Sabrina sitzt auf der Wiese und
reibt sich den Popo.

Lulu stupst sie mit dem Maul.
„Macht nichts", lacht Sabrina.
„Das üben wir noch!"

Sabrina und Lulu reiten
von Sonnenaufgang bis
Sonnenuntergang.
Bald ist Lulu gar nicht mehr kitzelig.

Sabrina steht auf Lulus Rücken
und breitet die Arme aus.
Oder sie macht einen Handstand.

Mit einem Salto rückwärts
springt Sabrina auf die Wiese.

Wer springt ein?

Heute gibt der Zirkus eine Vorstellung.

Alle sind im Zelt und üben.

Sabrina und Lulu schauen zu.

Der Zauberer zaubert

mit seinem Zauberhut.

Der Clown übt Grimassen
und stolziert durch die Manege.

Der Seehund balanciert
einen Ball auf der Schnauze.

Der Seiltänzer läuft auf einem Seil
und dreht sich im Kreis.

Plötzlich stolpert der Clown.
Er tritt dem Seehund auf den Schwanz.

Der Seehund erschrickt und robbt weg.
Er stößt den Zauberer um.

Dem Zauberer fällt
das Kaninchen aus dem Hut.
Er will es wieder einfangen.

Aber das Kaninchen beißt
den Zauberer in die Hand
und hoppelt weg.

Der Zauberer schreit: „Aua!
Wo ist nur mein Kaninchen?"

Da fällt der Seiltänzer
vor Schreck vom Seil.
Alle starren ihn erschrocken an.

„Aua! Aua!", ruft der Seiltänzer.
„Ich glaube, mein Fuß ist gebrochen."

Tatsächlich, der Fuß ist gebrochen.
Der Seiltänzer bekommt einen Gips.
Damit kann er nicht auf dem Seil tanzen.

Alle sind ratlos.
Wer soll nur
für den Seiltänzer auftreten?

„Ich weiß, wer etwas vorführen kann",
sagt plötzlich der Clown.
„Sabrina und Lulu!"

„Wir?", fragt Sabrina erstaunt.
„Wir können gar nichts!"

„Doch", sagt der Clown.

„Ich habe euch heimlich zugeschaut.

Du machst Handstand

auf Lulus Rücken.

Und Lulu kann rückwärts gehen."

Die anderen nicken zustimmend.

„Gut", sagt der Zirkusdirektor.

„Ihr tretet nachher auf!"

Der große Auftritt

Lulu und Sabrina sind ganz aufgeregt.

Ob alles so klappt,

wie sie es geübt haben?

Sabrina kämmt Lulus Mähne.

Sie flicht Zöpfe und Bänder hinein.

Lulu bekommt eine silberne Decke
auf den Rücken.
Sabrina hat ein rotes Kleid an.

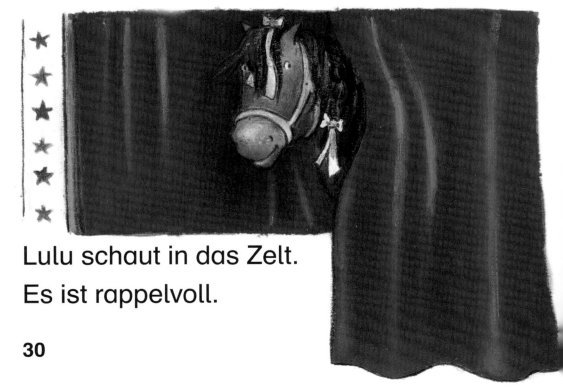

Lulu schaut in das Zelt.
Es ist rappelvoll.

Gerade zaubert der Zauberer
das Kaninchen aus dem Hut.
Er hat ein Pflaster auf der Hand.
Die Leute klatschen.

„Jetzt kommen wir",
flüstert Sabrina Lulu ins Ohr.

Sabrina und Lulu reiten ins Zelt
und verbeugen sich.
Langsam trabt Lulu durch die Manege.

Sabrina stellt sich auf Lulus Rücken.

Sie breitet die Arme aus.

Stolz läuft Lulu im Kreis.

Dann geht Lulu rückwärts.

Sabrina macht einen Handstand.

Lulu galoppiert wieder vorwärts.
Sabrina steht mit den Füßen
auf Lulus Rücken.

Mit einem Salto rückwärts
springt sie hinunter.

Die Leute klatschen lange und laut.

Ganz vorne sitzt Bauer Peter.

Er klatscht am lautesten.

Stolz verbeugen sich Sabrina und Lulu.

Sie verlassen das Zelt.

Der Zauberer und der Clown
umarmen die beiden.

Der Seiltänzer kommt angehumpelt.
Alle gratulieren.
Sogar der Zirkusdirektor!

Dann kommt Bauer Peter.

Er streicht Lulu stolz über die Mähne.

„Deine Augen haben geleuchtet",
sagt Bauer Peter. „Du warst sehr einsam,
bevor der Zirkus kam.

Willst du bei Sabrina bleiben?"

Lulu nickt mit dem Kopf.
Ihre Augen leuchten noch mehr.

„Das ist ja wunderbar",
ruft Sabrina und gibt Bauer Peter
einen dicken Kuss auf die Wange.

Doris Arend wollte als Kind Seeräuberin werden oder Raubtiere im Zirkus bändigen. Aber dann entdeckte sie ein anderes Abenteuer: Sie fliegt mit dem Flugzeug rund um die Welt und zähmt währenddessen die Passagiere. Und wenn sie mal zu Hause ist, dann schreibt Doris Arend mit großem Vergnügen Kinderbücher.

Susanne Schulte wollte nicht den Rest ihres Lebens Schaufenster dekorieren. Deshalb machte sie ihr Hobby zum Beruf: Sie studierte Grafikdesign und zeichnet nun schon seit vielen Jahren, besonders gerne Kinderbücher. Und wenn sie mal nicht malt, dann radelt sie fröhlich in Münster herum.

Leserätsel

mit dem Leseraben

Super, du hast das ganze Buch geschafft!
Hast du die Geschichte ganz genau gelesen?
Der Leserabe hat sich ein paar spannende
Rätsel für echte Lese-Detektive ausgedacht.
Mal sehen, ob du die Fragen beantworten kannst.
Wenn nicht, lies einfach noch mal
auf den Seiten nach. Wenn du die richtigen
Antwortbuchstaben in die Kästchen auf Seite 42
eingesetzt hast, bekommst du das Lösungswort.

Fragen zur Geschichte

1. Warum ist Pony Lulu traurig? (Seite 5)

   S: Es will seine Wiese für sich allein haben.

   Z: Es ist immer so allein.

2. Sabrina ist auch traurig. Warum? (Seite 11)

    E: Sie möchte Handstand und Salto lernen.

    I: Alle im Zirkus können Handstand und Salto.

3. Warum müssen Lulu und Sabrina erst Reiten
lernen? (Seite 16)

    P: Sabrina hat noch nie auf einem Pferd
       gesessen.

    K: Auf Pony Lulu ist noch nie jemand geritten.

4. Wieso fällt der Seiltänzer vom Seil? (Seite 24/25)

    O: Ein Kaninchen hat ihn in die Hand gebissen.

    U: Weil der Zauberer laut schreit.

5. Was schlägt Bauer Peter nach dem Zirkusauftritt
vor? (Seite 37)

    S: Lulu soll bei Sabrina bleiben.

    T: Sabrina soll auf dem Bauernhof arbeiten.

Lösungswort:

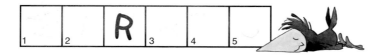

1	2	R 3	4	5

Rabenpost

Super, alles richtig gemacht! Jetzt wird es Zeit
für die RABENPOST.
Schicke dem LESERABEN einfach eine Karte
mit dem richtigen Lösungswort. Oder schreib eine
E-Mail. Wir verlosen jeden Monat 10 Buchpakete
unter den Einsendern!

An den LESERABEN
RABENPOST
Postfach 20 07
88190 Ravensburg
Deutschland

leserabe@ravensburger.de
Besuche mich doch auf meiner Webseite:
www.leserabe.de

Leserabe

1. Lesestufe für Leseanfänger ab der 1. Klasse

ISBN 3-473-36038-4   ISBN 3-473-36036-8   ISBN 3-473-36014-7   ISBN 3-473-36037-6

2. Lesestufe für Erstleser ab der 2. Klasse

ISBN 3-473-36043-0   ISBN 3-473-36041-4   ISBN 3-473-36039-2   ISBN 3-473-36021-X

3. Lesestufe für Leseprofis ab der 3. Klasse

ISBN 3-473-36054-6   ISBN 3-473-36051-1   ISBN 3-473-36024-4   ISBN 3-473-36052-X

Gute Idee.

Ravensburg